Annemarie Boog · Begegnung mit einer inneren Wirklichkeit unserer Kinder

Zu diesem Buch

Veränderung negativer Verhaltensweisen von Kindern in positive Handlungen durch Kooperation, psychotherapeutische Maßnahmen und durch die Konfrontation mit Werten: Um dieses Thema geht es in dem vorliegenden Buch.

Ausgangssituation für die Autorin ist die eigene Schule, ist die Alltagswirklichkeit einer Hamburger Grundschule: Kinder zeigen eine Vielfalt von Fehlverhalten bis hin zu körperlichen Angriffen und Erpressungsversuchen. Appelle an die Einsichtsfähigkeit scheitern häufig daran, dass die Schüler nicht in der Lage sind, ihren eigenen Schuldanteil überhaupt nur wahrzunehmen. Ein Schlüsselerlebnis mit einem Schüler führte Annemarie Boog dazu, einen Weg zum Verstehen der inneren Problematik der Kinder zu finden. Auf die Ansprache »Da muss etwas sein, das dich hindert!« antwortete ihr ein Schüler: »Da ist einer in mir, der will nicht, dass ich aufpasse.«

Annemarie Boog plädiert für eine Umorientierung – dadurch, dass den Kindern ihre inneren Bilder bewusst gemacht und von ihnen bearbeitet werden. Sie zeigt damit einen Weg zur Befreiung der Kinder von negativer Energie, zur Selbstreflexion und zur Übernahme von Verantwortung.

Annemarie Boog

Begegnung mit einer inneren Wirklichkeit unserer Kinder

Wie negative Verhaltensweisen
von Kindern
zu positiven Handlungen
verändert werden können

Juni 2002
© 2002 Annemarie Boog
Satz und Layout: Buch & medi@ GmbH, München
Umschlaggestaltung: Kay Fretwurst, Spreeau
Herstellung: Books on Demand GmbH, Norderstedt
Printed in Germany
ISBN 3-8311-3876-1

Meinem Vater
Otto Boog

und meiner Wahlmutter
Marie Janko

mit Dank,
in religiöser Verbundenheit
und Liebe.

Inhalt

Danksagung

Meinem Freund Dr. med. Wilhelm Denzer danke ich für die ständigen Ermutigungen, mein Konzept niederzuschreiben, und für seine detaillierte Kritik an den einzelnen Kapiteln.

Meine Freundin Helga Fargel hat das Fortschreiten meiner Arbeit begleitet und diese durch ihre kreativen Gesprächen vorangebracht.

Meinem Freund Dr. phil. Uwe Schmidt danke ich für seine Geduld und Entschlossenheit, die notwendig waren, um dieses Buch endgültig auf den Weg zu bringen. Ganz besonders danke ich ihm für die hilfreichen Diskussionen und die scharfsinnige Kritik, die das Manuskript bereicherten.

Ich danke den Kolleginnen und Kollegen der Integrativen Regelschule Appelhoff, die meiner Arbeit durch ihre »Hilfs-Ich-Funktion« zum Erfolg verholfen haben.

Den Eltern danke ich für ihr Einverständnis, die Zeichnungen ihrer Kinder und die begleitenden Kommentare im Rahmen einer Dokumentation zu veröffentlichen.

Den Kindern danke ich für ihr Vertrauen und ihre unermüdliche Mitarbeit.

Vorwort

Die vorliegende Arbeit versucht eine Antwort darauf zu geben, wie den negativen Auswirkungen einer permissiven[1] Erziehung begegnet werden kann.

Diese »Liberalisierung« zeigt auf Dauer nicht die gewünschten Erfolge. Denn sie führt einerseits zur Verwöhnung und andererseits zur Vernachlässigung der Kinder.

Das mangelnde Einfühlungsvermögen z. B. in die kindlichen Bedürfnisse nach Schutz und Anleitung sowie die Unfähigkeit, Grenzen zu setzen, rufen bei den Kindern ein Verhalten hervor, das u. a. durch Wut, Angst, fehlende Frustrationstoleranz und Arbeitsverweigerung gekennzeichnet ist. Diese Problembeschreibung ist auch in den Medien ein bevorzugtes Thema geworden.

Immer neue Krankheitsbilder tauchen auf. Zusammenhänge zwischen dem Verhalten unserer Kinder und dem Erziehungsverhalten der Erwachsenen werden weniger reflektiert.

Hier möchte meine Arbeit einen Beitrag leisten. Sie zeigt einen Weg auf, wie Kinder, Eltern und Lehrer am Prozess der Problembewältigung beteiligt werden können.

Mein Konzept legt den Schwerpunkt auf die Bearbeitung der *inneren Bilder der Kinder* und damit auf die Veränderung der *inneren Wirklichkeit* der Beteiligten.

Die Arbeit wird verdeutlichen, dass sich die Schule nicht vorwiegend mit äußeren Reformen begnügen darf. Sie sollte sich verstärkt mit den Problemen befassen, die durch die *innere Wirklichkeit* der Schüler aufgeworfen werden.

---

[1] Unter »permissiv« wird ein Erziehungsstil verstanden, der überwiegend versteht und erlaubt, selten Verbote setzt und Konflikten ausweicht.

1. Einleitung und Zielsetzung

Ich möchte Ihnen ein Konzept vorstellen, das auf drei Ansätzen aufbaut:
- der Kooperativen Verhaltensmodifikation
- psychoanalytischen Maßnahmen und
- der Konfrontation mit Werten

Ziel der von mir vorgestellten Methode ist es, eine Veränderung von negativ gebundener seelischer Energie junger Menschen in positive Handlungs- und Ausdrucksmöglichkeiten zu erreichen.

Gelingt diese Umorientierung, wird ein Schüler erfolgreicher am Unterricht teilnehmen und mit seinen Mitschülern und Lehrern konfliktfreier umgehen können. Die Grundschule fördert so die *Ichstärke* und die *Sozialstärke* der Schüler.

Zum besseren Verständnis ist ein kleiner Rückblick hilfreich und eine kurze theoretische Grundlegung notwendig.

Im Anschluss daran möchte ich Ihnen den Weg aufzeigen, den ich als Beratungslehrerin mit meinen Schülern gehe.

2. Ausgangssituation

In den 80er Jahren zeigten sich in den Schulen die ersten Auswirkungen der sog. »antiautoritären Erziehung«.

Obwohl den Schülern größere Freiheiten zugestanden und Frustrationen abgebaut worden waren, zeigten sie sich im Allgemeinen nicht lernbereiter, und sie waren keineswegs aggressionsfreier geworden.

Im Gegenteil: Sowohl im Unterricht als auch in den Pausen beobachteten wir[1], wie folgende aggressive Verhaltensweisen zunahmen:
  – mangelnde Sorgfalt gegenüber Spielgeräten und Lernmaterial
  – missachtender Umgang mit Lebensmitteln
  – Zerstörungen an Fenstern und Türen
  – Beschimpfungen und Beleidigungen von Schülern und Lehrern, gelegentlich sogar körperliche Angriffe und Erpressungsversuche

Bei den Versuchen, die Konflikte zu klären, wurde deutlich:
  Die Schüler waren nicht fähig, ihren eigenen Schuldanteil zu sehen.
  Stattdessen kam es zu Lügereien und Schuldverschiebungen.

Friedliche und liebevolle Schüler mussten durch Verstärkung der Lehreraufsichten vor ihren Mitschülern geschützt werden.

Dieses Thema beschäftigte uns immer wieder auf Lehrerkonferenzen.
  Als erste konkrete Maßnahme beschloss die Konferenz, einen Beratungslehrer zu beantragen.

Die Wahl fiel auf mich, da ich zusätzlich als analytische Kinder- und Jugendlichen-Psychotherapeutin ausgebildet war.

---

[1] Das Kollegium der Integrativen Regelschule Appelhoff, Hamburg-Steilshoop

3. Theoretische Grundlegung in Kurzfassung

3.1 Die Kooperative Verhaltensmodifikation

In der Beratungslehrerausbildung lernte ich das Modell der Kooperativen Verhaltensmodifikation kennen.

Es hat drei Kooperationspartner mit unterschiedlichen Kompetenzen:
1. den Schüler
2. den Lehrer
3. den Berater

Ziel der gemeinsamen Arbeit dieses Kooperationsdreiecks ist zunächst die Problembeschreibung, langfristig aber eine Verhaltensänderung.

In den Prozess der Problemdefinition und Zielfindung werden die Beteiligten einbezogen. Darüber hinaus sind sie an der Auswahl der Veränderungsmethoden und an der Kontrolle und Bewertung des Veränderungsvorgangs beteiligt.

Jeder der drei Kooperationspartner hat seinen spezifischen Beitrag zu leisten:
1. Der Schüler stellt die Problematik aus seiner Sicht dar *(Schülersicht)*.
2. Der Lehrer beschreibt, was er am Schüler beobachtet, und wie dieser mit ihm umgeht *(Lehrersicht)*.
3. Der Berater legt die grundlegenden Handlungsschritte und die Reihenfolge fest, in der die mit den Kooperationspartnern vereinbarten Ziele erreicht werden sollen.

Alle Handelnden sind über den Ablauf des gesamten Vorgangs informiert.[1]

---

[1] vgl. Alexander Redlich und Wilfried Schley (Hg.): Kooperative Verhaltensmodifikation in Familie, Heim und Schule. Materialien aus der Beratungsstelle für soziales Lernen am Fachbereich Psychologie der Universität Hamburg, Bd. 1, Hamburg 1982

3.2 Der psychoanalytische Ansatz

Das soeben kurz skizzierte Modell war für mich hilfreich, denn es zeigte mir einen Weg auf, wie ich das äußere Verhalten der Schüler positiv beeinflussen konnte.

Die »innere Problematik« blieb jedoch für den Berater, aber auch für die Schüler unverstanden. Für den Berater stellte sich daher die Frage, wie der Zugang zur inneren Wirklichkeit des jungen Menschen gefunden werden konnte.

Durch die Begegnung mit der inneren Not eines neunjährigen Schülers wurde mir wieder deutlich, dass eine Beeinflussung nur der äußeren Verhaltensweisen keine tiefgreifende Veränderung einleiten kann.

Dieser Schüler hatte mich immer wieder in der Beratungsstunde aufgesucht. Seine Lern- und Verhaltensprobleme hatten uns schon einige Male beschäftigt, ohne dass wir weitergekommen waren.
  Der Schüler wollte aufpassen und mitarbeiten, diesen Wunsch konnte ich deutlich erkennen. Willig fasste er in jeder Stunde erneut Vorsätze. Trotzdem scheiterte er immer wieder.

So traf ich die Entscheidung, eine psychoanalytische Intervention in die Beratungsstunde einzubauen, und wendete mich an den Schüler mit den Worten:
  »Da muß etwas sein, das dich hindert!«

Der Schüler antwortete spontan:
  »Da ist einer in mir, der will nicht, dass ich aufpasse.«

Ich forderte den Schüler auf, diesen »jemand« zu malen.
  So entstand eine Zeichnung, eine *Figur,* die genaue Aussagen über die Problematik dieses Jungen machte.

Auf dieser Seite sehen Sie seine Zeichnung.
   Nehmen Sie sich bitte Zeit, das Bild auf sich wirken zu lassen.
   Geben Sie dann Ihren Gedanken freien Lauf.

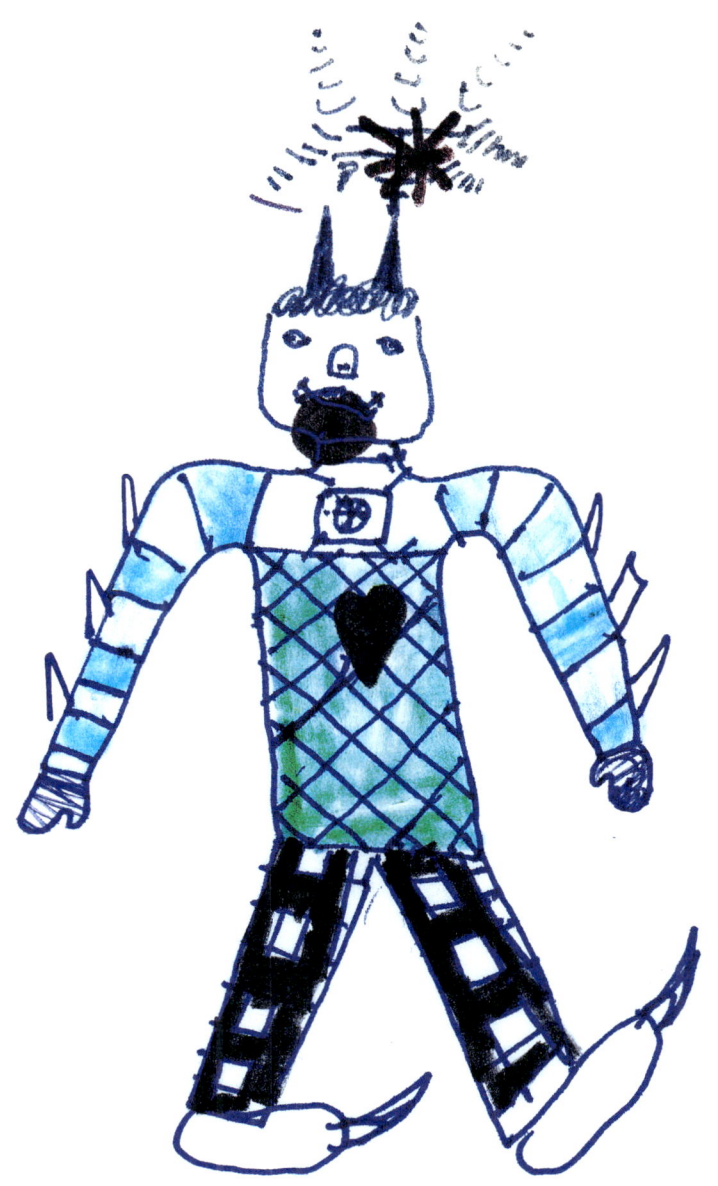

Diese Abbildung zeigt die Kommentare, mit denen der Schüler seine Zeichnung begleitet hat.

Teufel

Radar weiß, wo Tim[1] ist, damit er ihn böse machen kann.

»Geh weg, oder ich stoße!«

Die Leute ärgern sich, erschrecken sich, wenn die Blase platzt.

Roboterherz, einprogrammiert, die anderen böse zu machen.

Mit den Zacken stößt er die anderen Leute weg, besonders die Lehrer.

Wenn man ihn ermahnt, nimmt er nichts an, ätsch, bätsch, verkehrt.

Er buddelt den Boden auf, was er nicht darf.[2]

[1] Der Name wurde geändert.
[2] Der Junge grub alle Pflanzen, die seine Mutter im Garten eingesetzt hatte, mit den Füßen wieder aus.

Das Bild, das Sie soeben betrachtet haben, wird in der psychoanalytischen Literatur »Selbstrepräsentanz« genannt.

Zum besseren Verständnis der folgenden Ausführungen zeige ich Ihnen ein Schaubild:

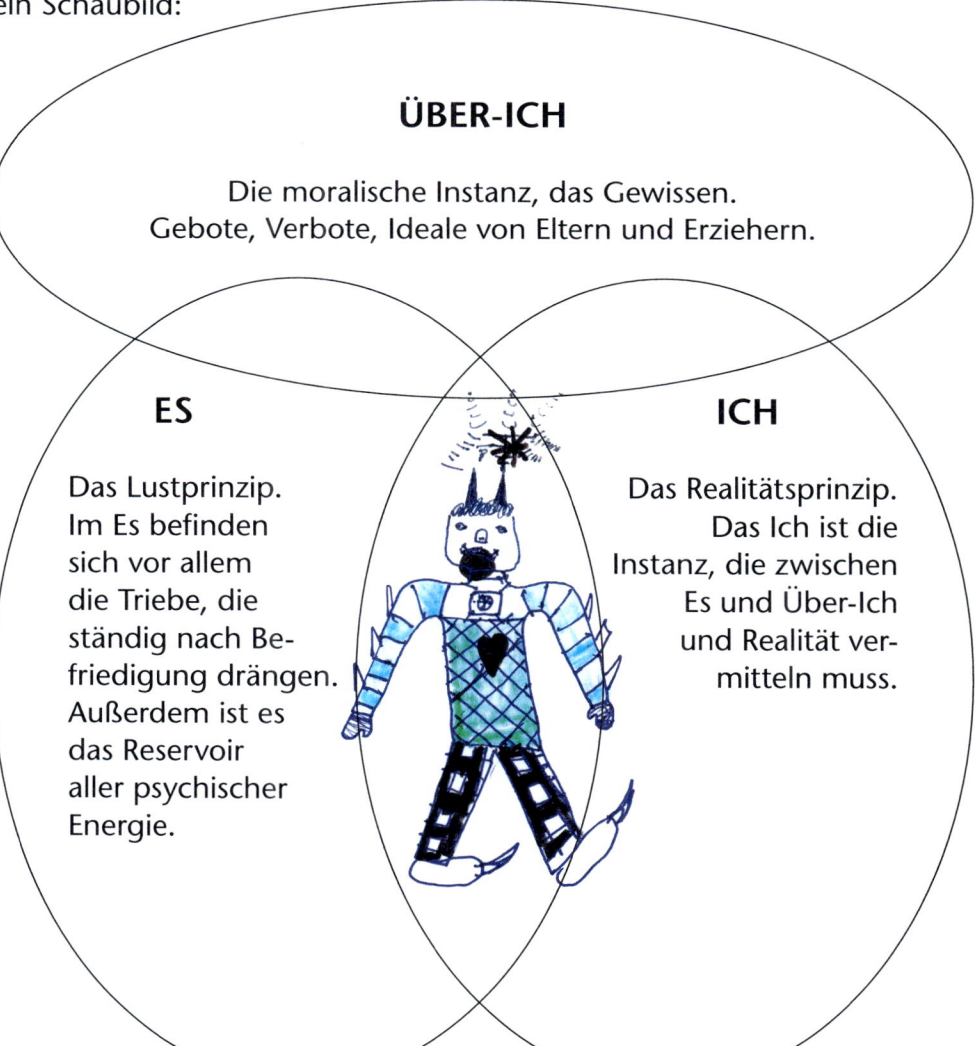

ÜBER-ICH

Die moralische Instanz, das Gewissen.
Gebote, Verbote, Ideale von Eltern und Erziehern.

ES

Das Lustprinzip.
Im Es befinden
sich vor allem
die Triebe, die
ständig nach Be-
friedigung drängen.
Außerdem ist es
das Reservoir
aller psychischer
Energie.

ICH

Das Realitätsprinzip.
Das Ich ist die
Instanz, die zwischen
Es und Über-Ich
und Realität ver-
mitteln muss.

Nach der psychoanalytischen Theorie befinden sich diese drei Instanzen **ES – ICH – ÜBER-ICH** in jeder Persönlichkeit.

Weniger geläufig ist das SELBST als Bestandteil des ICH. Im SELBST befinden sich verschiedene affektiv-kognitive Strukturelemente:[1]

1. Selbstrepräsentanzen:
Selbstrepräsentanzen sind innere Bilder von der eigenen Person, die reale oder phantasierte Interaktionen mit den wichtigen Beziehungspersonen widerspiegeln.

2. Objektrepräsentanzen:
Objektrepräsentanzen sind innere Bilder von den wichtigen Beziehungspersonen (z.B. der Mutter oder dem Vater), die jedes Kind durch reale oder phantasierte Interaktionen mit ihnen bildet.

3. Idealselbst- und Idealobjektrepräsentanzen
Auch die Idealselbstvorstellungen und die Idealobjektvorstellungen sind Teile des SELBST.

Das gesunde SELBST kann die verschiedenen Selbstrepräsentanzen zu einem Ganzen aufbauen. Dadurch entsteht ein integriertes Gesamt-SELBST.

Das bedeutet, dass sowohl gute als auch schlechte Anteile im SELBST integriert werden.[2]

Sie haben bereits – in der Figur – eine Selbstrepräsentanz kennengelernt.

Die Selbstrepräsentanzen haben entscheidende Auswirkungen – sowohl positive als auch negative – auf die psychische Befindlichkeit des Individuums. Ihre Wirkungsweisen sind überwiegend unbewusst. Die negative Selbstrepräsentanz *dem Bewusstsein zugänglich zu machen*, ist ein erster Schritt zur Befreiung des ICH von unbewusster negativer Energie.

Bei der *Auseinandersetzung mit der negativen Selbstrepräsentanz* kommt es zur weiteren Freisetzung negativer Energie. Mit dieser Energie kann dann durch Umorientierung angstfreier und konstruktiver umgegangen werden.

---

[1] Otto F. Kernberg stellt Bestandteile des Selbst vor, die sowohl vom Trieb als auch vom Verstand gesteuert werden, vgl. Fußnote 2.

[2] vgl. Otto F. Kernberg: Borderline-Störungen und pathologischer Narzissmus, Frankfurt a.M. 1980, S. 358 ff

3.3   Der wertkonfrontative Ansatz

Meine fast zwanzigjährige Erfahrung als Beratungslehrerin hat mir gezeigt, dass zur Veränderung negativer Verhaltensweisen in positive Handlungen die Konfrontation mit Werten unerlässlich ist.[1]

Die Hinführung des jungen Menschen zu Werten ist fundamental notwendig für die Ausbildung des ÜBER-ICH.

Dabei ist zu bedenken, dass Werte dem historischen und gesellschaftlichen Wandel unterliegen. Dennoch ist ein friedliches Zusammenleben ohne die Anerkennung von Grundwerten nicht möglich.

Hier seien nur einige genannt: Frieden, Gewaltverzicht, Achtung vor dem Nächsten, Gerechtigkeit, Ehrlichkeit, Mitgefühl, Hilfsbereitschaft, Verlässlichkeit, Anstrengungsbereitschaft und Fleiß.

Die Aneignung von Grundwerten führt zur ÜBER-ICH-Stärkung und damit zur Ausbildung des GEWISSENS.

Diese ÜBER-ICH-Stärkung ist heute notwendiger denn je, da das ICH sonst durch zu starke ES-Impulse geschwächt wird.

Der wertkonfrontative Ansatz hat das Ziel, ein tragfähiges Gleichgewicht zwischen den Ansprüchen des ES und des ÜBER-ICH zu *erreichen und so das ICH zu befähigen, sozialadäquate Handlungen zu vollbringen.*

Einige der heute gängigen Erziehungshaltungen und -gewohnheiten sind nicht hilfreich genug für die Entwicklung von Persönlichkeiten, die über *Ichstärke* und *Sozialstärke* verfügen sollen.

Diesen wertkonfrontativen Ansatz stelle ich in einen deutlichen Gegensatz zu einer heute leider weit verbreiteten Erziehungshaltung, alles zu verstehen, alles zu entschuldigen, falsches Verhalten für krankhaft zu erklären und vom jungen Menschen keine Änderung seines Verhaltens zu fordern.

Damit wird der Erziehungsauftrag von Eltern, Lehrern und weiteren Erziehungspersonen nicht ernst genug genommen.

---

[1] vgl. Michael Rutz (Hg.): Aufbruch in der Bildungspolitik. Roman Herzogs Rede und 25 Antworten, München 1997

4. Systematische Umsetzung des Konzeptes in die schulische Praxis

Durch die Verbindung des kooperativen mit dem psychoanalytischen Ansatz und der Wertekonfrontation gelangte ich zu einem Verfahren, das ich *Veränderung negativer Verhaltensweisen in positive Handlungen* nenne. Der Schwerpunkt dieser Methode liegt darin, die Kinder zu befähigen, ihre inneren negativen Bilder zu bearbeiten.

Die Umsetzung in die schulische Praxis möchte ich Ihnen jetzt anhand eines konkreten Falles erläutern.

4.1 Vorgehen zum Erkennen der Störung

4.1.1 Lehrersicht

Erste Voraussetzung zum Erkennen der Störung eines Schülers ist die Lehrersicht.[1] Vor der ersten Beratungsstunde teilt mir der Kollege seine Beobachtungen schriftlich mit. In unserem konkreten Falle lauteten sie wie folgt:
- seit Wochen kein Flöten geübt
- seit Wochen kein Lesen geübt
- hört in Sachkunde nicht zu
- denkt im Unterricht nicht mit
- gibt im Deutschen »dumme Antworten«, die alle witzig finden sollen
- schreibt die Hausarbeiten nicht auf
- hat im Religionsunterricht geweint, weil er die Hausarbeiten nicht gemacht hatte
- täuscht Bauchschmerzen, Übelkeit und Spucken vor, um die nicht gemachten Hausarbeiten zu verbergen
- vergisst vorsätzlich seine Hefte
- lügt, um sich um das Arbeiten herumzudrücken
- stellt sich bei Streitigkeiten fast immer als das »unschuldige Opfer« dar

---

[1] vgl. S. 15

4.1.2 Schülersicht

Die erste Beratungsstunde – Beobachtung genannt – beginnt mit der Erarbeitung der Schülersicht.[1] Der Schüler wird in seinen Aussagen ernstgenommen und so als mitverantwortlicher Partner betrachtet.

Hier also seine Sicht: [2]

Ich bin hier:
- weil ich Herzchen[3] sammeln will
- weil ich zur Herzchenstunde[4] soll
- damit ich besser werde in Mathe und in Deutsch
- weil ich nicht meine Hausarbeiten mache
- damit ich nett zu den Lehrern bin

4.1.3 Gegenüberstellung der beiden Sichtweisen

Auf die Verdeutlichung der Schülersicht erfolgt die Konfrontation mit der Lehrersicht. Die Gegenüberstellung der beiden Sichtweisen leite ich immer mit den Worten ein: »Frau X, deine Klassenlehrerin, hat mir Folgendes aufgeschrieben: Ich lese es dir vor, und du kannst mit hereingucken.«
Meistens bestätigen die Schüler das, was die Lehrer beobachtet haben. Bei Wahrnehmungsunterschieden veranlasse ich ein gemeinsames klärendes Gespräch mit der Lehrerin. In unserem Falle sagte das Kind, als es die Lehrersicht hörte: »Ich habe noch nie einen Lehrer geärgert.«

Das klärende Gespräch zwischen Klassenlehrer und Schüler führte zur Einsicht des Kindes, dass seine negativen Verhaltensweisen den Lehrer ärgern und den Unterricht stören.

---

[1] vgl. S. 15
[2] Es handelt sich um ein neunjähriges Kind im 3. Schuljahr.
[3] vgl. S. 33
[4] »Herzstunde« ist der Name für die wöchentliche Beratungsstunde.

4.1.4 Zeichnerische Darstellung der negativen Selbstrepräsentanz

Erst jetzt sind alle Voraussetzungen zu einer zeichnerischen Darstellung der negativen Selbstrepräsentanz durch den Schüler gegeben.

Dabei ermutige ich den Schüler, ein Kind zu zeichnen, das alle soeben besprochenen Merkmale hat und alle angesprochenen Tätigkeiten ausführt. Ich warte wortlos ab, bis das Kind seine Zeichnung fertiggestellt hat. In unserem konkreten Fall entstand die folgende negative Selbstrepräsentanz.

4.1.5 Äußerungen des Schülers zu seiner gezeichneten negativen Selbstrepräsentanz

Das Kind kommentierte seine Figur wie folgt:

- *Füße:* Damit kann er gut treten.
- *Beine:* Er trödelt, wenn die Schule zu Ende ist.
- *Hände:* Er möchte gern verprügeln. Er beklaut seinen Vater um Einmarkstücke und kauft sich dafür Süßigkeiten; Papa schimpft, aber er klaut weiter.
- *Gesicht:* Er sieht böse aus, er will keine Hausarbeiten machen, er hat keine Lust, auf seine Mama zu hören.
- *Augen:* Sie sind böse, weil seine Eltern ihn so gequält haben mit dem Schimpfen und Selbständigsein-Sollen.
- *Ohren:* Sie sind groß, denn er belauscht alles gern und hört gern alles mit.
- *Kopf:* Er denkt, die Eltern sind doof. Ich muss nicht meine Hausarbeiten machen. Das machen die Lehrer.

4.1.6 Findung eines Namens für seine gezeichnete negative Selbstrepräsentanz

Zum Abschluss lasse ich den Schüler einen Namen für das Gezeichnete finden: »Was meinst du, wie er heißen könnte? Finde einen Namen für ihn! Was macht er am liebsten?«

Nach einer kurzen Pause nannte dieser Schüler seine Figur »Geldklauer«.

Der Name »Geldklauer« und die Kommentare des Schülers verdeutlichen, dass die schulischen Schwierigkeiten nur einen Teil der seelischen Probleme wiedergeben, die das Kind belasten.

Geldklauer

Kopf
Er denkt, die Eltern sind doof. Ich muss nicht meine Hausarbeiten machen. Das machen die Lehrer.

Gesicht
Er sieht böse aus, er will keine Hausarbeiten machen. Er hat keine Lust, auf seine Mama zu hören.

Augen
Sie sind böse, weil seine Eltern ihn so gequält haben mit dem Schimpfen und Selbständigsein-Sollen.

Ohren
Sie sind groß, denn er belauscht alles gern und hört gern alles mit.

Hände
Er möchte gern verprügeln. Er beklaut seinen Vater um Einmarkstücke und kauft sich dafür Süßigkeiten. Papa schimpft, aber er klaut weiter.

Beine
Er trödelt, wenn die Schule zu Ende ist.

Füße
… damit kann er gut treten.

4.2 Handlungsschritte

4.2.1 Schaffung eines Arbeitsbündnisses

Die Arbeit, die das Kooperationsdreieck leistet, mündet in ein Arbeitsbündnis zwischen Schüler und Berater. Das Arbeitsbündnis hat zur Voraussetzung, dass sich der Berater mit den *positiven* Selbstanteilen des Schülers verbindet. Darüber hinaus muss sich der Schüler in allen Teilen seiner Persönlichkeit vom Berater angenommen, empathisch verstanden und beschützt fühlen. Weitere wichtige Eigenschaften werden durch die im Verlauf des Arbeitsbündnisses entstandene Kinderzeichnung und den dazu gehörigen Kommentar deutlich.

Frau Boog streicht mir über den Kopf und sagt: »Das schaffen wir schon.«

27

Der Berater, stellvertretend für die Erwachsenen, mit denen das Kind zu tun hat, muss erstens das *Prinzip Hoffnung* für die Entwicklung des jungen Menschen vertreten. *Das Prinzip Hoffnung* hat zum Inhalt, dass das Gute im Kampf gegen das Schlechte am Ende siegt.

Der Erwachsene muss zweitens den *Generationenunterschied* anerkennen, d.h. das Kind in seiner Selbständigkeit nicht überfordern, sondern es auf seinem Weg hilfreich begleiten. Dabei sollte der Berater immer dem Leitsatz folgen: Soviel Hilfe wie nötig und soviel Selbständigkeit wie möglich.

Erforderlich ist drittens, dass der Erwachsene seine *eigenen Aggressionen* kennt, sie akzeptiert und sich mit ihnen auseinandergesetzt hat. Nur dann kann er dem Kind einen angstfreien Umgang mit dessen eigenen Aggressionen ermöglichen.

Der Erwachsene muss viertens über sichere *Wertevorstellungen* verfügen, um die negativen Verhaltensweisen des Schülers mit positiven Werten konfrontieren zu können. Die Erfahrung zeigt, dass sich die Kinder nach der Konfrontation fast immer für den positiven Wert, der das Gegenteil ihrer negativen Verhaltensweise ist, entscheiden.

Der Erwachsene sollte fünftens über *Humor* verfügen: Humor verdeutlicht dem Kind, dass der Erwachsene ihm trotz seiner negativen Verhaltensweise liebevoll begegnet.

In heutiger Zeit bemühen wir Erwachsenen uns zu wenig darum, von Gestalten, die höheres Bewusstsein verkörpern, zu lernen. Von diesem Engel[1] können wir im Umgang mit unseren Kindern viel lernen:

Der Engel hält sich in der Nähe des Kindes auf, ohne das Kind zu bedrängen.

Das Kind ist auf seinem Lebensweg immer wieder auch vom Bösen bedroht.
   Das Böse wird auf dem Bild durch den Teufel, der unter der Weltkugel lauert, symbolisiert.

Der Engel hält dem Kind die Hand hin, ohne jedoch die Hand des Kindes zu umklammern. Er kann aber jederzeit die Hand des Kindes ergreifen, wenn diesem Gefahr droht.
   Mit der rechten Hand weist der Engel dem Kind den Weg zu den ewigen Werten.

[1] Siehe Abbildung S. 30

4.2.2 Formulierung der Leitsätze für die Verhaltensänderung, Aufstellung und Ausfüllen einer Bewertungstabelle

Am Abschluss der Beobachtung steht die *gemeinsame Formulierung der Leitsätze* für die Verhaltensänderung.

Die Formulierung der Leitsätze erfolgt zunächst durch das Kind selbst.

Den Äußerungen des Schülers zufolge muss der »Geldklauer« seine Hausaufgaben nicht machen und er hat auch keine Lust, sich anzustrengen.

Deshalb entwarf das Kind für die Schule folgende Leitsätze, mit denen es dem »Geldklauer« den Kampf angesagt hat.

– Ich will meine Hausaufgaben machen …
– Ich will mich in der Stunde anstrengen …

Nur diese Verhaltensweisen des Kindes können in der Schule bewertet werden.

Die Leitsätze werden vom Klassenlehrer im Beisein des Schülers bestätigt oder geringfügig verändert.

Der Berater fixiert den Wortlaut der endgültigen Fassung und ergänzt ihn durch eine Bewertungstabelle. Er unterstreicht damit die Verbindlichkeit des Vorganges.

Ein *Teilsieg des Kindes* über seine negative Selbstrepräsentanz wird in Anlehnung an die kooperative Verhaltensmodifikation durch ein Symbol dargestellt, ein Herz. Dieses Symbol zeigt dem Kind, stärker als Begriffe es könnten, was es schon erreicht hat.

Ein rotes Herz in der entsprechenden Spalte der Bewertungstabelle erhält ein Kind, wenn es ihm am Ende eines Schultages gelungen ist, die Verabredungen bzw. die Leitsätze einzuhalten. Ein rotes Herz mit schwarzen Anteilen verdeutlicht, inwieweit der Schüler sein Ziel erreichen konnte.

Die Nichteinhaltung wird mit schwarz gekennzeichnet.

Im Gespräch zwischen Lehrer und Schüler werden regelmäßig die konkreten Begründungen ausgetauscht, die zu roter bzw. schwarzer Farbe in den Herzen geführt haben.

Stichwortartig werden diese Begründungen täglich vom Lehrer auf einem Merkzettel für die Beratungslehrerin fixiert.[1]

Durch den Schüler-Lehrer-Dialog wird der junge Mensch in seiner Eigenverantwortung, Selbststeuerung und in seinem Veränderungswillen bestärkt.

---

[1] Ein Beispiel für einen solchen Herzzettel finden Sie auf der folgenden Abbildung.

Leitsätze	Di.	Mi.	Do.	Fr.	Mo.	Herz
Ich will immer meine Hausarbeiten machen.						
Ich will mitarbeiten, mich melden und mich anstrengen.						

	Di.	Mi.	Do.	Fr.	Mo.	Herz
Ich will immer meine Hausarbeiten machen.	♥	♥	♥	♥	♥	29. ♥ 4. 97
Ich will mitarbeiten und mich melden. (mich anstrengen)	♥	♥	♥	♥	♥	29. ♥ 4. 97
Ich will immer meine Hausarbeiten machen.	♥	♥	1. Da Tags.		♥	6. ♥ 5. 97
Ich will mitarbeiten, mich melden und mich anstrengen.	♥	♥	1. Ma Kinfeuz	♥		6. ♥ 5. 97

- gibt dumme Antworten

- spielt unter dem Tisch

- falsche Hausaufgaben
  trödelt beim Nacharbeiten

- Bücherhallenkarte nicht mit, Bücher von der Bücherhalle vergessen
- spielt unter dem Tisch
- Mathe Arbeitsheft nicht da, arbeitet nicht
- Mathe Hausaufgaben nicht in Ordnung
- lügt, albert herum, arbeitet nicht

4.2.3 Der Lehrer in der Funktion eines »Hilfs-Ich« für den Schüler

Von großer Bedeutung für das Zustandekommen und Gelingen der Veränderungsarbeit ist ein entsprechendes Profil der Lehrer, die mit dem Kind umgehen. Unter »Profil« wird hier eine Kombination aus emotionaler, kognitiver und fachspezifischer Kompetenz verstanden.

Nur in diesem Rahmen und auf dieser Grundlage ist es möglich, ein Klassenklima zu schaffen, das gleichermaßen durch Liebe und konsequentes Handeln gekennzeichnet ist.

Denn Schüler, die »Nachreifungsbedarf« haben und daher in der Beratung sind, haben ein Defizit an Ich-Funktionen.

Wenn z.B. die Bereitschaft, sich anzustrengen, sich zu konzentrieren, durchzuhalten und mit anderen Menschen zu kooperieren, relativ gering entwickelt ist, muss der Lehrer für einen gewissen Zeitraum eine Art »Hilfs-Ich« für den Schüler verkörpern.

Es ist also Aufgabe des Lehrers, den Schülern und dem einzelnen Kind Sicherheit zu geben und seine Ich-Funktionen zu stärken.

Dazu gehören rationale Autorität[1], Liebe, Berechenbarkeit, konsequentes Handeln und die Stärkung und Bearbeitung der Ich-Funktionen des Schülers:

– zielgerichtete Sinneswahrnehmung und Aufmerksamkeit
– zielgerichtetes Denken
– kontrollierte Bewegungen
– Wahrnehmung der eigenen Gefühle und der Gefühle anderer
– Überprüfung der realen Situation
– Bewusstseinsfunktion, d.h. die Fähigkeit, sich etwas bewusst zu machen
– Gedächtnis
– Fähigkeit und Wille, zielgerichtet und ausdauernd zu arbeiten
– Abbau von Abwehrvorgängen wie z.B. Verharmlosung, Vermeidung, Projektion (Schuldverschiebung), Verleugnung, Verweigerung

---

[1] vgl. Erich Fromm: Haben und Sein. Die seelischen Grundlagen einer neuen Gesellschaft, 27. Auflage, München 1999, S. 45 ff

Versagt der Lehrer hierin, wird der Schüler mit seinen Defiziten und Problemen alleingelassen. Da der einzelne Schüler aber seine Probleme allein nicht bearbeiten und lösen und sich auf einen »schwachen« Lehrer nicht verlassen kann, steigen in ihm Gefühle von Angst, Wut und Hilflosigkeit auf.

Um sich von diesen belastenden Gefühlen zu befreien, sucht er Anschluss an eine Gruppe von Mitschülern. Der Gruppenführer wird von ihm als Gegenmodell des »schwachen« Lehrers empfunden, er ist scheinbar »stark« und »durchsetzungsfähig« und signalisiert ihm dadurch »Sicherheit« und »Berechenbarkeit«.[1]

Differenzierte Normen können aber nur durch den Umgang mit rationaler Autorität erworben werden. Lehrer, die in diesem Sinne Autoritätsdefizite haben, tragen dazu bei, dass eine Gruppe keine wertorientierten Handlungen entwickeln kann.

Auch der Gruppenführer lernt dadurch keine sozialanerkannten Werte und wird auf radikale, triebgesteuerte Normen zurückgeworfen, die auf Macht, Härte und Gehorsam ausgerichtet sind und den Normen der Schule und der Gesellschaft entgegenwirken.

---

[1] vgl. C. Büttner, H. Nicklas und Ä. Ostermann: Das Wegsehen fördert die Gewalt! (FR 13.9.1997)

4.2.4 Beratungsverlauf

Die Auswertung der Lehrerbeobachtungen und Schülerselbstbeobachtungen vollzieht sich in einem Schulwochenrhythmus durch den Beratungslehrer und den Schüler in der sog. »Herzstunde«.

Hierbei werden Erfolge und Misserfolge besprochen.
   Sehen wir uns zunächst den Erfolg an:

Das Kind, das den Geldklauer gezeichnet hatte, äußerte zum Thema »Mitarbeit im Unterricht«:
   »Der Geldklauer denkt über die Arbeit, das machen Mami und Papi, und die Lehrer können auch für ihn alles tun.«

Nach einer Denkpause fügte das Kind selbstkorrigierend hinzu:
   »Er denkt falsch, das muss ich selber machen.«

Damit war eine erste Bewusstseinsveränderung eingeleitet. Das Kind zeigte sich bereiter, Selbstverantwortung zu übernehmen und Fleiß zu entwickeln. In den weiteren Stunden mussten diese neuen Verhaltensmuster immer wieder bearbeitet und eingeübt werden.

Bei Einhaltung der Leitsätze wird das »Wochenherz« eingetragen, und an der Zeichnung seiner Selbstrepräsentanz darf ein negatives Detail abgestrichen werden (siehe Abb. S. 37).
Durch das Abstreichen wird es dem Schüler erleichtert, sich von der negativen Verhaltensweise zu trennen.

Im Falle des Geldklauers wurde die Hand abgestrichen – vom Schüler mit folgenden Worten begleitet:
   »Der Geldklauer spielt damit unter dem Tisch.«

Lenkende Bemerkungen des Beraters – wie z.B. in unserem Falle »Wozu brauchst du deine Hände?« – führten zur Reflexion über sinnvolle Handlungen wie z.B. sich melden, schreiben und »hallo« sagen.

Die noch verbleibende Zeit der »Herzstunde« im Raum des Beratungslehrers können die Kinder nach eigener Entscheidung nutzen.

Im Beratungsraum steht den Kindern eine Vielfalt von Spiel- und Lernmaterialien zur Verfügung, aus denen sie dasjenige auswählen können, was ihnen am meisten zusagt, weil es ihrer augenblicklichen Befindlichkeit entspricht.

Die Schüler bringen durch das Umgehen mit den Spielmaterialien und durch die ihr Spiel begleitenden Kommentare ihre Konflikte und Gefühle zum Ausdruck.

Probleme, mit denen sich Kinder vorwiegend auseinandersetzen müssen, sind u.a.:

- Angst- und Wutgefühle
- Größenphantasien
- Autoritätskonflikte
- unterschiedliche Erziehungsstile der Eltern
- Trennung der Eltern
- Ehekrisen
- Aggressionen zwischen den Eltern
- neue Partner der Erziehungsberechtigten
- Verlust wichtiger Beziehungspersonen
- Geschwisterrivalität
- Geschlechtsidentität
- Konflikte mit Lehrern
- Konflikte mit Mitschülern
- Schulversagen

Der Berater hat die Aufgabe, das Tun zu beobachten und mit den Kindern in verstehende Kommunikation zu kommen, um so mit ihnen Lösungsmöglichkeiten für ihre Probleme zu erarbeiten.

Der weitere Weg, den unser Schüler bei der Stärkung seines ICH ging, verlief keineswegs ohne Komplikationen:

Nach anschließenden, erfolgreich verlaufenden »Herzstunden« verweigerte das Kind die Reflexionsarbeit.

Es saß tatenlos und vorwurfsvoll vor mir.

Erst als ich die Mitarbeit einforderte und es ernst ansah, war es bereit, seine Abwehr aufzugeben und wieder in die Beziehungsarbeit einzutreten.

Hierbei ist es äußerst wichtig, dass der Berater der Verweigerung des Kindes entgegentritt. Unterlässt er dieses, entzieht sich das Kind der Anstrengung, sowohl kognitiv als auch emotional.

In solchen Stunden klären Berater und Schüler den Begriff *»sich anstrengen«*, der das Wort *»streng«* enthält.

Ohne Strenge entsteht in einem Kind keine Bereitschaft, sich anzustrengen, ohne angemessene Forderung ist eine Förderung der Entwicklung von Kindern nicht möglich.

Ohne dass der Erwachsene die Werte offensiv vertritt, können Kinder keine wertorientierten Handlungen ausbilden. Sie würden dann stets vom Erwachsenen die Anstrengung erwarten, die sie selbst erbringen sollten, und könnten daher weder Selbständigkeit noch Selbstwertgefühl noch Lernfreude entwickeln.

Von Misserfolg muss dann gesprochen werden, wenn das Wochenziel nicht erreicht wurde.

In diesem Falle werden andere methodische Schritte gegangen:

- an der negativen Selbstrepräsentanz werden keine Abstriche vorgenommen
- ein Gespräch über die Ursachen des Misserfolges wird geführt
- konstruktive Angebote zur Verhaltensveränderung werden gemacht, wie z.B. Aufarbeiten durch Zeichnen oder Rollenspiele
- Hilfestellung zur Aufarbeitung von versäumtem Lernstoff wird angeboten
- Lerntechniken werden eingeübt, z.B. Steigerung des Arbeitstempos, selbständige Bewältigung von bekanntem Lernstoff

Ziel ist es, in jedem Falle den Schüler zu befähigen, über seine negative Selbstrepräsentanz zu siegen (siehe Abb. S. 44).

Die Zeitspanne, die die Schüler hierfür benötigen, ist sehr unterschiedlich.

Im Durchschnitt benötigen die Kinder bei einer »Herzstunde« pro Woche zwölf Monate zur Umorientierung ihrer negativen Verhaltensweisen in positive Handlungen. Der Prozess der Umorientierung ist natürlich abhängig von der Art und dem Schweregrad der Störung und kann zwei bis vier Schuljahre[1] dauern.

---

[1] Während eines Schuljahres finden durchschnittlich vierzig »Herzstunden« pro Kind statt.

Die weiteren Schritte des Beratungsverlaufes, in dessen Mittelpunkt die *Ablehnung der negativen Verhaltensweisen des Geldklauers* standen, können Sie anhand der folgenden Abbildung selbst nachvollziehen. Lassen Sie bitte die Äußerungen des Kindes auf sich wirken.[1]

[1] siehe Seite 42/43

Kopf

… damit er nicht mehr lügen und Horrorge-
schichten erzählen kann.
»Lügen ist falsch«

Ohr

Er lauscht an der Tür und weiß
dann, wo das Geld ist. Er nimmt
das Geld von Mami weg.
»Ich darf nicht stehlen«

Oberkörper

… damit er sich nicht mehr am
Schrank abstützen kann, wenn
er das Geld klaut.
»Ich stehle nicht mehr«

Arme

… damit er nicht mehr den
Geldbeutel holen kann.
»Ich stehle nicht«

Bein

… damit er nicht mehr auf
den Stuhl steigen kann, um
das Geld zu klauen.
»Stehlen ist verboten«

Fuß

… damit er nicht mehr zum
Schrank gehen kann, um das Geld zu klauen.
»Stehlen ist falsch«

Augen
… damit er nicht mehr zum Geldbeutel gucken kann.
»Ich stehle nicht«

Nase
… damit er nicht mehr das Geld riechen kann.
»Ich werde nicht wieder stehlen«

Mund
Er schweigt. Er antwortet nicht.
*»Ich muss antworten, wenn ich freundlich
gefragt werde«*

Herz
Er verschiebt die Schuld.
Schuld verschieben sitzt im Herzen.
»Ich muss zugeben«

Hosen
… weil er dort das geklaute Geld reinsteckt.
»Ich klaue nicht«

Bein
… damit er nicht mehr zum Schrank
humpeln kann, um das Geld zu holen.
»Stehlen ist falsch. Ich stehle nicht mehr«

Fuß
Er ist zu faul zum Gehen. Er trödelt.
»Ich muss zügig zur Schule gehen«

Der Sieg über den Geldklauer

Zum Vergleich: Ist-Zustand des Geldklauers vor der Beratung

Kopf

Er denkt, die Eltern sind doof. Ich muss nicht meine Hausarbeiten machen. Das machen die Lehrer.

Gesicht

Er sieht böse aus, er will keine Hausarbeiten machen.
Er hat keine Lust, auf seine Mama zu hören.

Augen

Sie sind böse, weil seine Eltern ihn so gequält haben mit dem Schimpfen und Selbständigsein-Sollen.

Ohren

Sie sind groß, denn er belauscht alles gern und hört gern alles mit.

Hände

Er möchte gern verprügeln. Er beklaut seinen Vater um Einmarkstücke und kauft sich dafür Süßigkeiten. Papa schimpft, aber er klaut weiter.

Beine

Er trödelt, wenn die Schule zu Ende ist.

Füße

… damit kann er gut treten.

Nach dem Sieg des Schülers über seine negative Selbstrepräsentanz wird die *positive Selbstrepräsentanz* gezeichnet.

Sehen Sie, was aus dem Geldklauer geworden ist! (siehe Abb. S. 48)

Die negative männliche Selbstrepräsentanz hatte u.a. auch die Geschlechtsidentität des Mädchens unterdrückt.

Durch die Bearbeitung der schulischen Verhaltensdefizite wurde dem Kind die Möglichkeit gegeben, auch diesen tieferliegenden Konflikt anzugehen.

Die folgenden Bemerkungen verdeutlichen, warum diese Schülerin lieber ein Junge als ein Mädchen sein wollte:

- Jungen haben es bequemer und besser als Mädchen
- Jungen haben mehr Spiele
- Mädchen müssen immer etwas unternehmen, Geige spielen oder sowas, Jungen dürfen rumhängen
- Mädchensein ist anstrengend, man muss für die anderen arbeiten und machen, was die anderen wollen: Wohnung sauber machen, abwaschen, aufräumen. Mein Bruder guckt fern

Zur Festigung der neu erworbenen Verhaltensmuster werden weitere Wochenherzen gesammelt. Die Herzen werden an die positive Selbstrepräsentanz gezeichnet.

Dabei nennt das Mädchen nicht nur den jeweiligen Körperteil, den es mit einem »Strahlerherz«[1] versieht, sondern auch dessen positive Funktion.

---

[1] Ein »Strahlerherz« erhält ein Kind, wenn es eine Woche lang jeden Tag die Leitsätze erfüllt hat.

Svenja,[1] das liebe, fleißige Mädchen

[1] Der Name wurde geändert. Alter des Mädchens: 10 Jahre

Die begleitenden Kommentare machen deutlich, wie die Schülerin die neu erworbenen positiven Handlungen verinnerlicht hat.

Beachten Sie bitte, wie sich die Kommentare des Mädchens im Laufe der Zeit vom *negativen Ist-Zustand*[1] über die *Ablehnung der negativen Verhaltensweisen*[2] zur *Akzeptanz der positiven Handlungen*[3] hin verändert haben.

Nase
Ich halte meine Nase still.

Mund
Ich rede jetzt, ich antworte.

Hände
… weil ich meine Hände nicht mehr in den Ärmeln verstecke, sondern meine Ärmel hochziehe und schreibe.

Arme
… weil ich mich jetzt melde.

Bauch
… weil ich nicht mehr so tue, als ob ich Bauchschmerzen habe, wenn ich meine Hausarbeiten nicht gemacht habe. Ich gebe es zu.

1 vgl. S. 45/46
2 vgl. S. 42/43
3 vgl. S. 49/50

Kopf
… weil ich selber nachdenke und nicht Mami und Papi und die Lehrer denken lasse.

Augen
… weil ich nicht mehr aus dem Fenster gucke, sondern auf die Arbeit.

Haare
… weil ich nicht mehr an meinen Haaren fummele, sondern arbeite.

Ohren
… weil ich jetzt zuhöre und nicht mehr meine Ohrringe raus und rein mache oder auf dem Gang Krach höre.

Herz
… damit ich innerlich mit den Lehrern klar komme.

Rock
… wenn ich beleidigt bin, spiele ich nicht mehr an meinem Rock und tue nicht mehr so, als ob ich die Coolste der Mädchen bin.

linker Fuß
… weil ich im Sport nicht mehr so tue, als ob ich es nicht kann, sondern mitturne oder Herrn X um Hilfe frage.

rechter Fuß
… weil ich im Unterricht nicht mehr meine Nachbarin trete, wenn ich keine Lust zum Arbeiten habe, sondern mitmache.

Zum Abschluss der Beratung erstellte ich mit dem Mädchen eine Übersicht ihrer gesammelten Wochenherzen, in der sich ihre erfolgreiche seelische Arbeit ausdrückt.

Wie auch den anderen Beratungskindern machte es auch diesem Mädchen besondere Freude, die roten Herzen zu zählen und dabei festzustellen, dass der schwarze Anteil deutlich geringer geworden war.

Mit dem Erlebnis, über soviel eigene positive Energie zu verfügen, wollte das Mädchen nach 14 Monaten Beratungszeit ihren schulischen Alltag allein bewältigen.

Die Klassenlehrerin und die Beratungslehrerin stimmten ihrem Wunsch zu.

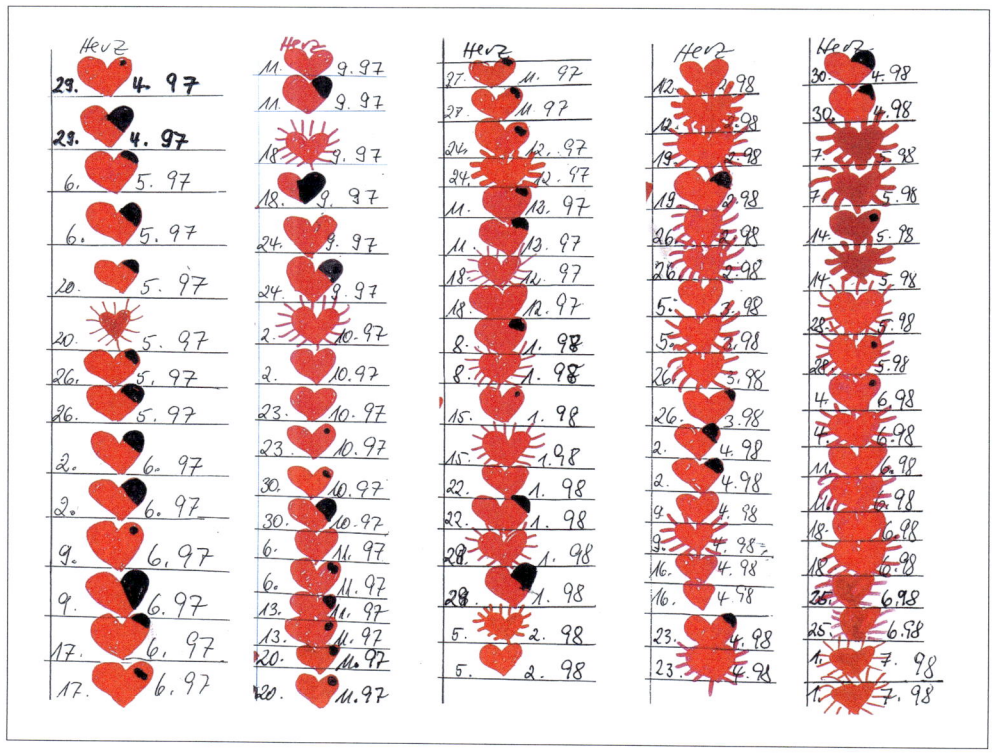

Übersicht der Herzen

4.2.5 Elternarbeit

Der Klassenlehrer informiert die Eltern über die Gründe für die Vorstellung ihres Kindes beim Beratungslehrer.

Nach der Beobachtungsstunde lädt der Berater die Eltern zu einem Erstgespräch ein. Hier werden die Lehrersicht, die Schülersicht und die Zeichnung der negativen Selbstrepräsentanz des Schülers sowie die sie begleitenden Kommentare besprochen.

Die meisten Eltern bestätigen die Interaktionsmuster, die die negative Selbstrepräsentanz verdeutlicht. Denn im häuslichen Bereich zeigen die Kinder gleiche oder ähnliche Verhaltensweisen.

Andere Eltern sind über die negativen Äußerungen ihrer Kinder erstaunt.

Alle Eltern aber sind beeindruckt von der zeichnerischen Darstellung der Problematik, der Namensfindung und der Differenziertheit des sprachlichen Ausdrucks ihrer Kinder. Darüber hinaus zeigen die Eltern Bewunderung über die Ehrlichkeit, den Bewusstheitsgrad und die Fähigkeit zur Selbstreflexion ihrer Kinder.

So entsteht schon im Erstgespräch eine neue Sichtweise der emotionalen Möglichkeiten ihrer Kinder. Dies hilft den Eltern, ihre Kinder als ernstzunehmende »seelische Persönlichkeiten« zu sehen.

Die Entscheidung für oder gegen die Beratung liegt allein bei den Eltern.

Die Zeitabstände, in denen die Eltern ein Gespräch wünschen, bestimmen sie selbst.

Einige Eltern kommen alle vier Wochen, andere nur alle drei Monate, manche nehmen nur am Erst-, Anamnese- und am Abschlussgespräch teil.

Eltern, die regelmäßig Beratung in Anspruch nehmen, reflektieren

- über ihren Erziehungsstil
- über den Erziehungsstil ihrer Eltern
- über den notwendigen Konsens zwischen den Erziehungsberechtigten
- über die Werte, nach denen sie selbst erzogen wurden
- über die Werte, nach denen sie erziehen wollen
- über ihre Mutter- bzw. Vateridentität und
- über eine veränderte Erziehungshaltung

Ziel der Elternarbeit ist somit die Selbstreflexion und die Erarbeitung einer gemeinsamen wie auch verbesserten Erziehungshaltung von Mutter und Vater.

In einigen wenigen Fällen wünschten Eltern zwar ausdrücklich eine Beratung für ihr Kind, nahmen aber das Elternberatungsangebot nicht in Anspruch. Dieses war auch bei den Eltern des Mädchens der Fall, das den Geldklauer gezeichnet hatte.

An diesem konkreten Fall wird deutlich, dass schon die Eigeninitiative und der Veränderungswille des Kindes und die »Hilfs-Ich-Funktion« des Lehrers und Beraters ausreichen, um eine positive Verhaltensänderung auszulösen.

5.   Schlussbemerkungen

Ich habe Ihnen einen Zugang zu einer inneren Wirklichkeit unserer Kinder aufgezeigt. Er macht deutlich, dass unsere Kinder über einen hohen Bewusstseinsgrad verfügen und seelische Inhalte sowohl zeichnerisch als auch sprachlich differenziert auszudrücken vermögen, wenn wir Erwachsenen ihnen zuhören, uns in sie einfühlen und ihre Äußerungen ernstnehmen.

Geschieht dies, dann sind auch jüngere Kinder bereit, Eigenverantwortung für ihre negative Energie zu übernehmen.
Bei dem Prozess der Umorientierung sind die Kinder aber auf die Hilfestellung der Erwachsenen angewiesen.

Heute wird dem Kind oft zuviel Entscheidung aufgebürdet. Es soll »selbst« entscheiden.
Dadurch wird die *kindliche Existenz* verleugnet, aber auch die *Erziehungsverantwortung der Erwachsenen*.

Kinder haben ein *Recht* darauf, hilfreich begleitet zu werden, Grenzen gesetzt zu bekommen und in den Dialog einbezogen zu werden. Nehmen Eltern diese positive Autorität nicht wahr, fühlt sich das Kind allein gelassen, entwickelt Gefühle der Angst, Wut und Hilflosigkeit und ist in Gefahr, sich negative Ersatzautoritäten zu suchen.

Wir **Erwachsenen** sind also aufgerufen,
- Mütter und Väter
- Lehrerinnen und Lehrer
- Erzieherinnen und Erzieher

uns die Frage zu stellen, wie wir uns verhalten müssen, damit wir den Kindern Orientierung geben können.

Wir Erwachsenen müssen

1. uns mit Kritik auseinandersetzen und zur Selbstreflexion fähig sein.

Wir Erwachsenen müssen

2. unsere eigenen Aggressionen akzeptieren und uns damit ständig auseinandersetzen. Wir müssen uns Klarheit verschaffen, über welche negative Energie wir selbst verfügen und ob wir kontrolliert mit ihr umgehen. Nur dann können wir die negativen wie positiven Anteile der kindlichen Individualität ernstnehmen.

Wir Erwachsenen müssen

3. der Frage nachgehen, was für uns selbst das »Böse« ist.

Wir Erwachsenen müssen

4. über sichere Wertevorstellungen verfügen und uns mit dem Thema »Werte« auseinandergesetzt und eine Entscheidung getroffen haben, welche Werte dem gesellschaftlichen Wandel unterliegen und welche Werte für uns und die Erziehung unverzichtbar sind.

Wir Erwachsenen müssen

5. selbst die Werte vorleben und sie in Handlung umsetzen, damit sich die Kinder mit ihnen identifizieren können.

Alle Erwachsenen, die am Erziehungsprozess eines Kindes beteiligt sind, müssen

6. sich um ein *gemeinsames* Werteverständnis bemühen. Diese klare Orientierung vermittelt dem Kind Sicherheit, Zuverlässigkeit und Berechenbarkeit.

Die genannten geistig-seelischen Fähigkeiten der Erwachsenen sind notwendig, damit sich unsere Kinder zu eigenverantwortlichen Persönlichkeiten entwickeln können.

Literaturverzeichnis

Die Bibel oder die ganze Heilige Schrift des Alten und Neuen Testaments. Nach der deutschen Übersetzung Martin Luthers, Stuttgart 1965

Brenner, Charles: Grundzüge der Psychoanalyse (Fischerbücherei 6309), Frankfurt am Main 1976

Büttner, C./Nicklas, H./Ostermann, Ä.: Das Wegsehen fördert die Gewalt! Frankfurter Rundschau 13.9.1997

Dreikurs, R./Soltz, V.: Kinder fordern uns heraus. Wie erziehen wir zeitgemäß? 7. Auflage, Stuttgart 2000

Erikson, Erik H.: Kindheit und Gesellschaft, 5. Auflage, Stuttgart 1973

Erikson, Erik H.: Identität und Lebenszyklus. Drei Aufsätze, 2. Auflage, Frankfurt am Main 1974

Freud, Anna: Das Ich und die Abwehrmechanismen, 9. Auflage (Kindler Taschenbücher), München 1977

Freud, Sigmund: Abriss der Psychoanalyse. Das Unbehagen in der Kultur (Fischerbücherei 6034), Frankfurt am Main 1972

Fromm, Erich: Haben oder Sein. Die seelischen Grundlagen einer neuen Gesellschaft, 27. Auflage (dtv), München 1999

Goleman, Daniel: Emotionale Intelligenz, 10. Auflage (dtv), München 1999

Gruen, Arno: Der Verlust des Mitgefühls. Über die Politik der Gleichgültigkeit, 2. Auflage (dtv), München 1998

von Hentig, Hartmut: Ach, die Werte! Ein öffentliches Bewußtsein von zwiespältigen Aufgaben, München 1999

Jacobsen, Edith: Das Selbst und die Welt der Objekte, Frankfurt am Main 1978

Kernberg, Otto F.: Borderline-Störungen und pathologischer Narzissmus, 4. Auflage, Frankfurt am Main 1980

Klein, Melanie: Das Seelenleben des Kleinkindes und andere Beiträge zur Psychoanalyse (rororo), Hamburg 1972

Laplanche, J./Pontalis, J.-B.: Das Vokabular der Psychoanalyse, Bd. 1 und Bd. 2, Frankfurt am Main 1972

Lorenz, Konrad: Das sogenannte Böse. Zur Naturgeschichte der Aggression, 21. Auflage (dtv), München 1998

Nagara, Humberto (Hg.): Psychoanalytische Grundbegriffe. Eine Einführung in Sigmund Freuds Terminologie und Theoriebildung (Fischerbücherei 6331), Frankfurt am Main 1974

Redlich, Alexander/Schley, Wilfried (Hg.): Kooperative Verhaltensmodifikation in Familie, Heim und Unterricht. Materialien aus der Beratungsstelle für soziales Lernen am Fachbereich Psychologie der Universität Hamburg, Hamburg 1982

Rutz, Michael (Hg.): Aufbruch in der Bildungspolitik. Roman Herzogs Rede und 25 Antworten (Goldmann 15001), München 1997

Sonderegger, Ralf: Werte, Identität und Neue Soziale Bewegungen, online »Werte« 1997

Annemarie Boog, geb. 1943, studierte Erziehungswissenschaft an der Universität Hamburg mit dem Wahlfach Theologie. Nach zehnjähriger Lehrertätigkeit ließ sie sich am Michael-Balint-Institut in Hamburg zur analytischen Kinder- und Jugendlichen-Psychotherapeutin ausbilden.

Seit 1984 arbeitet die Autorin vorwiegend als Beratungslehrerin in der Integrativen Regelschule Appelhoff in Hamburg-Steilshoop. Zusätzlich sammelte sie Erfahrungen mit Kindern und Jugendlichen in ihrer psychoanalytischen Praxis.

Seit 1988 wurde das vorliegende Konzept entwickelt.